# Unterwegs – Wandern, Reisen & Fotografieren
## Band I
von
Sebastian Dzierzon

# Unterwegs
# Wandern, Reisen & Fotografieren
# Band I

**Sebastian Dzierzon**

Bibliografische Information der Deutschen Nationalbibliothek: Die Deutsche Nationalbibliothek verzeichnet diese Publikation in der Deutschen Nationalbibliothek; detaillierte bibliografische Daten sind im Internet über www.dnb.de abrufbar.

© 2021 Sebastian Dzierzon
Herstellung und Verlag:
BoD–Books on Demand, Norderstedt

ISBN: 9783753460178

# Inhaltsverzeichnis

# Grußwort

Im Jahr 2018 stand ich auf der Schaufelspitze im Stubaital. Am Gipfelkreuz kam ich ins Gespräch mit zwei Personen, die ebenfalls diesen Berg erklommen haben. Es war ein Vater mit seiner Tochter. Wobei gesagt werden muss, dass der Vater bereits schon über 80 Jahre alt war. (Anmerkung: Ich hoffe, dass ich mit über 80 Jahren auch noch auf den Bergen unterwegs sein kann.) Von diesem Gespräch ist mir eine Weisheit hängen geblieben, die ich seither auch an meine Gäste in den Bergen weitergebe. Diese lautet: „Hier oben ist es egal, was wir sind und woher wir sind. Wichtig ist, dass wir hier sind."

Gerne möchte ich mit Ihnen ein Stück **unterwegs** sein. Deshalb habe ich mich vor einiger Zeit entschieden einen Kanal bei YouTube zu betreiben. Daraus ist dann die Idee entstanden, eine regelmäßige Sendung zu gestalten, in der es um das **Wandern**, **Reisen** und **Fotografieren** geht. Parallel zu dieser Sendung schreibe ich auch eine Serie von Büchern, die diese und weitere Themen zum Schwerpunkt haben.

An dieser Stelle möchte ich auch meiner lieben Frau danken, die mich über all die Jahre unterstützt und mich motiviert. Ohne ihre Hilfe und Beistand hätte ich nie so viel in meinem Leben erreichen können.

Berg Heil, *Euer Basti*

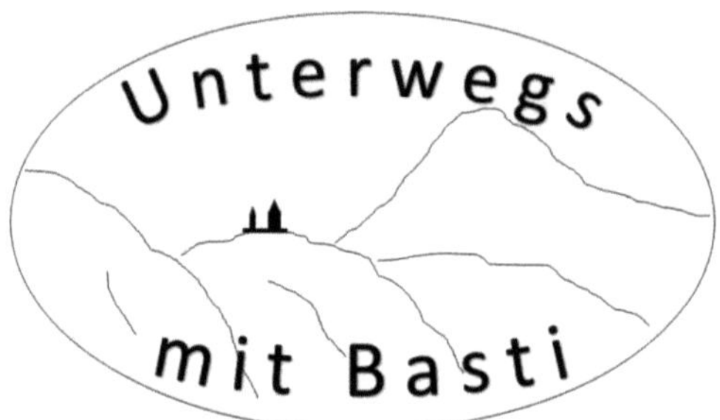



www.unterwegs-mit-basti.de

# Wanderziel: Schrammstein-Aussicht

***Region: Elbsandsteingebirge***

Das sächsische Elbsandsteingebirge im Süden von Dresden bietet insgesamt über 1.200 km an markierten Wanderwergen. Da fällt es einem sehr schwer, eine bestimmte Route zu wählen, so mal fast jeder Weg sehenswert ist. Um Ihnen die Auswahl ein wenig zu erleichtern möchte ich Ihnen heute einen Klassiker im Elbsandsteingebirge vorstellen – die Wanderung zur Schrammstein-Aussicht.

## ANREISE/AUSGANGSPUNKT:

Ausgangspunkt dieser Wanderung ist der Wanderparkplatz im Ortsteil Ostrau von Bad Schandau. Die Anreise ist ebenfalls mit öffentlichen Verkehrsmitteln möglich und sogar sehr gut machbar. Parallel zur Ankunft der S-Bahn aus Dresden fährt ab dem Bahnhof Bad Schandau auch ein Wanderbus nach Ostrau. Generell besteht im Elbsandsteingebirge eine gute Anbindung an den öffentlichen Nahverkehr.

Im Navi im Auto gibt man am besten „Zahnsgrund" in Bad Schandau ein. Auf dieser Straße gibt es eine markante Gaststätte mit dem Namen „Schrammsteinbaude". Ungefähr 200m danach befindet sich auf der rechten Seite der Wanderparkplatz. Da dieser Parkplatz am Wochenende und an schönen Tagen auch schnell belegt ist, besteht die Möglichkeit einen Parkplatz weiter oben zu nehmen.

Dazu folgen wir den Straßenverlauf für ungefähr einen Kilometer. In einer Linkskurve befindet sich ein besserer Feldweg, der Wenzelweg und ein Campingplatz. Davor gibt es weitere Parkplätze. Ein Hinweis von mir – Ich würde immer den zweiten Parkplatz wählen. Der erste ist sehr eng und enthält mittlerweile auch viele Schlaglöcher. Egal für welchen Sie sich entscheiden, beide Parkplätze sind kostenfrei. (Stand: 08.09.2020)

## DIE STRECKE:

Da ich den oberen Parkplatz gewählt habe, beginnt auch die Strecke für mich hier. Egal von welchem Parkplatz man gestartet ist, der Weg führt erstmal geradeaus in den Wald. Sobald man den bekannten Malerweg kreuzt, biegt man auf diesen rechts ein. Nun folgen wir vorerst diesen Weg. Schon sehr bald sieht man die ersten Sandstein-Riesen, für die das Elbsandsteingebirge so bekannt sind. Ein Großteil des Weges führt durch den Wald, was besonders an warmen Tagen sehr angenehm ist. Dazu kommt noch, dass viele der Wege sandig sind. Daher kommt auch schon mal kurz das Gefühl auf, in Ostseestrandnähe zu sein.

Nicht nur Wanderer zieht es hierher, sondern auch Bergsteiger. Die Wege zu den Kletterfelsen sind gesondert gekennzeichnet.

*Abbildung 1: Kennzeichnung der Kletterwege (Foto: Sebastian Dzierzon; 09/20)*

Auf der ganzen Strecke ist die Beschilderung leider etwas dürftig. Es gibt zwar regelmäßig Schilder, aber leider stehen dort nicht immer die Ziele darauf, wo man hinmöchte. Zum Beispiel war die Schrammstein-Aussicht nur, sofern ich mich richtig erinnere, auf zwei der vielen Schilder vermerkt. Und so steht man oft an einer Kreuzung und weiß nicht mehr wohin. Deshalb ist eine Karte oder ein GPS-Gerät meines Erachtens unabdingbar. Zwar kann man sich an vielen Stellen, gerade zu Beginn der Tour, an die „Malerweg"-Ausschilderung halten. Jedoch wenn man diesen später verlässt, benötigt man eine gute Orientierung, sowie die Hilfe von Karte, GPS-Gerät oder anderen Wanderern.

Nach einiger Zeit türmen sich linkerhand wunderschöne Sandsteinformationen auf. Das ist dann das Zeichen, dass wir bald links abbiegen dürfen, um zu das sogenannte Schrammtor zu gelangen, welches wir durchschreiten. Das Schrammtor bietet auch die Möglichkeit, sofern man das möchte, selbst einmal die Hand an den Felsen zu legen und ein wenig zu klettern. Wenn Sie Kinder dabeihaben, dann sollte hier eine kleine Pause eingeplant werden. Denn für die Kleinen ist es ein idealer Spielplatz in der Natur. Doch sollte dabei beachtet werden, dass die Absperrungen nicht überschritten werden.

Den schönen, sandigen Platz verlassen wir über ein paar Stufen und folgen den Wanderweg für ungefähr 15 Minuten weiter durch den Wald und entlang der Sandsteinfelsen.

*Abbildung 2: Die Felsen beim Schrammsteintor (Foto: Sebastian Dzierzon, 09/20)*

Nun kommt der beschilderte Abzweig zur Schrammstein-Aussicht. Links geht es jetzt über den Wildschützensteig hinauf. Diesen Steig darf man nur im Aufstieg nehmen. Schnell wird auch klar warum. Er ist eng und führt über eine mit Drahtseil gesicherte Stelle und anschließend vielen steilen Leitern hinauf zu einem großen Picknickplatz. Leider halten sich einige Wanderer nicht an die Ausschilderung und so kann es auch mal kommen, dass man auf den schmalen Wildschützensteig Gegenverkehr hat. Dies führt dann zu einigen „Staus" im Steig.

*Abbildung 3: Leiteraufstieg im Wildschützensteig (Foto: Sebastian Dzierzon; 09/20)*

Am großen Picknickplatz angekommen trennen uns nur noch wenige Minuten sowie ein paar Metallleitern und enge Passagen von einem grandiosen Blick von der Schrammstein-Aussicht. Bei gutem Wetter wird es schnell eng. Aber mit etwas Glück ergattert man einen der begehrten Plätze um eine Brotzeit einzulegen und dabei den Ausblick auf die Festung Königsstein, die Elbe und die Sächsische Schweiz zu genießen. Allein das Panorama entschädigt für die bisherigen Anstrengungen der Wanderung. Das Aufstehen und Weiterwandern werden mit gemischten Gefühlen begleitet. Einerseits möchte man gerne noch bleiben. Aber anderseits gibt es noch viel auf dem Weg zu entdecken.

*Abbildung 4: Der Ausblick ist einfach fantastisch (Foto: Sebastian Dzierzon; 09/20)*

Nun ist aber die Zeit gekommen um weiter zu gehen. Über den engen und schmalen Pfad sowie den Leitern geht es zurück zum Picknickplatz. Wir halten uns an die Ausschilderung und nutzen nicht den Wildschützensteig, sondern gehen in Richtung Jägersteig. Nach nur wenigen Minuten gehen dann viele Stufen links nach unten, die immer steiler werden. Auch gibt es wieder Metallleitern, die wir diesmal nach unten steigen dürfen.
An der nächsten großen Kreuzung folgen wir der Beschilderung in Richtung Wildwiese und gehen somit einfach fast geradeaus weiter. Wenn wir die Wildwiese passiert haben gehen wir wieder bei der nächsten Weggabelung

weiter geradeaus und folgen nun der Beschilderung „Hohe Liebe". Nachdem es die letzten 10-15 Minuten die meiste Zeit bergab ging, kommt wieder eine Steigung. Durch den Wald und über Stock und Stein führt nun der Weg hin, bis schließlich der Abzweig zur „Hohen Liebe" kommt. Dieser ist jedoch nicht ausgeschildert. Also heißt es wachsam zu sein, so dass man den Weg mit Stufen, der rechts weg geht, nicht verpasst.

Die „Hohe Liebe" ist ein zirka 400 m hoher Tafelberg, der sich im östlichen Teil des Nationalparks Sächsische Schweiz und südlich der Schrammsteingruppe befindet. Fast der gesamte Berg ist bewaldet und somit ist dieser nicht gleich erkennbar. Auf dem Gipfel befindet sich auch das Bergsteigerehrenmal. Es erinnert daran, dass über 400 Mitglieder des damals rund 800 Mitglieder starken Sächsischen Bergsteigerbundes im Ersten Weltkrieg gefallen sind.

*Abbildung 5: Blick auf das Bergsteigerehrenmal und auf die Umgebung (Foto: Sebastian Dzierzon; 09/20)*

Nachdem wir die Aussicht auf die Affensteine, Schramm-steine und Falkenstein genossen haben, führt uns unserer Weg wieder runter und weiter durch den Wald zum Park-platz zurück.

Der letzte Blick auf unser GPS-Gerät verrät, dass wir knapp 4 Stunden sowie ungefähr 9,3 km unterwegs wa-ren. Die Zeitangabe ist nur ein ungefährer Richtwert. Wir sind gemütlich gelaufen, haben die Aussicht genossen und unterwegs Erinnerungsfotos und Videos aufgenom-men.

## FAZIT:

Der Nationalpark Sächsische Schweiz (Elbsandsteingebirge) ge-hört zu den schönsten Wanderregi-onen in Sachsen bzw. Ostdeutsch-land. Nur ist dies kein Geheimnis. Vor allem in den Ferien und am Wochenende sind viele Wander-freunde und Ausflügler dort unter-wegs. Das sollte einen nicht ab-schrecken, denn auf den über 1.200 km Wanderwege findet man immer eine ruhige Stelle. Und so war es auch heute auf unserer Tour. Es war eine schöne Wande-rung in einer schönen Umgebung.

*Abbildung 6: Blick auf den Falkenstein (Foto: Sebastian Dzierzon; 09/20)*

# Bergwander-ABC

## A wie Ausrüstung

Das Themengebiet „Ausrüstung" ist sehr umfangreich. Ich weiß noch, als ich in meinen Flitterwochen mit meiner Frau auf eine Alm aufgestiegen bin, um eine Nacht dort zu übernachten. Wir waren damals noch sehr unerfahren und haben ziemlich viel eingepackt, was wir heute nicht mehr machen würden. Demzufolge hatte ich auch viel zu tragen.

*Abbildung 7: Wie lange waren wir wohl unterwegs? Ich schäme mich fast ein wenig dafür, was wir alles für nur eine Nacht im Rucksack hatten... (Foto von Sebastian Dzierzon; Mai 2010)*

Natürlich ist die Ausrüstung von der Dauer und der Aktivität abhängig. Die Größe und der Inhalt des Rucksacks unterscheidet sich davon, ob wir eine kleine Wanderung im Mittelgebirge, eine Tageswanderung in den Alpen, eine Hüttentour oder sogar eine Hochtour unternehmen. An dieser Stelle möchte ich jedoch nur auf ein paar Basics eingehen

**Das Erste Hilfe Set**

Ein Erste-Hilfe-Set sollte man immer bei Unternehmungen im Freien dabeihaben. Bei den Erste-Hilfe-Sets gibt es natürlich verschiedene Ausführungen. Als Bergwanderführer und Familienvater habe ich natürlich die Premium-Ausführung.
Den genauen Inhalt werde ich später in einem anderen Bergwander - ABC behandeln. An dieser Stelle möchte ich nur sagen (bzw. schreiben :), dass ein Erste-Hilfe-Set Verbandsmaterial in verschiedenen Größen sowie eine Rettungsdecke enthalten sollte. Wenn man Medikamente nehmen muss, so sollten diese auch reingelegt werden, z.B. Allergie-Tabletten. Schmerzmittel wie Ibuprofen wären auch nicht schlecht, besonders wenn man zu Migräne und Kopfschmerzen neigt.

Egal welche Ausführung man hat, sollte man doch sein Erste-Hilfe-Set regelmäßig überprüfen und bei Bedarf auch wieder auffüllen. Außerdem ist es wichtig, dass man genau weiß, wo etwas ist, wenn es mal schnell gehen muss.

Allein im Jahr 2020 habe ich das Set mindestens fünfmal gebraucht. Ich kam bei zwei Unfällen hinzu, wo Kinder jeweils gestürzt sind und stark geblutet haben. Die Eltern hatten jeweils kein Verbandsmaterial mit. Sie versuchten die Blutung mit Hilfe von Papiertaschentüchern zu stillen, was jedoch nicht wirklich optimal ist. Ein anderes Mal war mein Sohn am Steinstand hingefallen und hatte am Knie eine tiefe Schnittwunde. Jedes Mal war ich froh, dieses Set dabei gehabt zu haben.

**Biwak-Sack**

Vielleicht fragen sich jetzt einige, was ein Biwak-Sack ist oder warum man diesen mitnehmen sollte, obwohl man nicht im Freien übernachtet. Ein Biwak-Sack gehört in die sogenannte Notfallausrüstung und dient unter anderem dazu, dass man im Notfall auch mal eine Nacht im Gelände verbringen kann. Normalerweise geht man immer davon aus, dass alles gut geht und unterwegs nichts passiert. Und ich hoffe, dies trifft auch immer zu. Aber manchmal passiert doch etwas und es muss nicht mal ein Unfall sein. Im Gebirge ändert sich das Wetter schnell und so kann es auch mal dazu kommen, dass mitten im Sommer Schnee fällt. Der Biwak-Sack schützt dann vor Erfrierungen oder vor Nässe und bietet einen Unterschlupf. Und bei einem Unfall dauert es länger, bis die ersehnte Hilfe kommt. Vor ungefähr zwei Jahren war ich Zeuge eines Unfalls in den Bergen. Ein Mann war abgestürzt. Zum Glück hat er den Sturz mit nur wenigen tiefen Wunden überlebt. Doch von der Alarmierung der Rettungskräfte bis zum Eintreffen des Hubschraubers ist ungefähr eine Stunde vergangen. Und da hatten wir gutes Wetter. Wenn die Sicht schlecht ist, das Wetter nicht mitspielt oder man seine Lage nicht genau beschreiben kann, dauert es auch mal mehrere Stunden bis die ersehnte Hilfe eintrifft.

Ich selbst musste den Biwak-Sack noch niemals nutzen. Da er aber klein und leicht ist, fällt er nicht ins Gewicht.

Vor einiger Zeit habe ich einen Bericht gesehen. Dort berichtete ein Hüttenwirt, dass er nach einen Wetterumsturz mit einsetzendem Schnee und Sturm einen Hilferuf erhalten hat. Er hat nur wenige Minuten von der Hütte entfernt zwei Wanderer gefunden, die komplett unterkühlt waren. Der eine davon ist noch an Ort und Stelle erfroren. Dieser Tod ist unnötig gewesen. Hätten sie einen Biwak-Sack mitgenommen, wäre die Person noch heute am Leben.

Der Biwak-Sack eignet sich aber auch wunderbar als Sonnen- oder Windschutz, wenn man eine Pause macht. Er ist also vielseitig verwendbar und sollte niemals fehlen.

**Taschenmesser**

Als nächstes nehme ich immer ein Taschenmesser bzw. ein Multifunktions-Tool mit. Es ist kein Muss, aber oft ein hilfreicher Begleiter und die Zange, der Schraubendreher und das Messer kamen schon oft zum Einsatz.

**Regenjacke**

Im Gebirge kann sich das Wetter sehr schnell ändern. Ich habe es schon mehrmals miterlebt. Zum Beispiel waren wir auf dem Weg zum Hochjoch-Hospiz. Zur Mittagspause sah noch alles schön aus - blauer Himmel mit ein paar kleinen Wolken. Zirka 45 Minuten später wurde es immer dunkler und schließlich hat es geregnet und in der Ferne sogar gewittert. Kurz nachdem wir an der Hütte angekommen waren, kam die Sonne wieder raus.
Eine Regenjacke ist durchaus sinnvoll mitzunehmen. Sie ist nicht schwer und oft auch nicht teuer. Klar gibt es die Jacken in allen Preislagen mit unterschiedlichen Funktionalitäten. Lange Zeit habe ich eine günstige für nicht mal 10 Euro genutzt. Ich war nicht oft unterwegs und habe sie selten genutzt. Heute bin ich öfters unterwegs und somit habe ich mich auch nach einer besseren Jacke mit besseren Eigenschaften umgeschaut. Aber wie gesagt, wenn man gelegentlich unterwegs ist, dann reicht auch oft eine einfache. Ist man jedoch oft über mehrere Tage auf Tour, dann würde ich persönlich schon ein paar Euros mehr hinlegen, um eine bessere Regenjacke zu erhalten.

**Trinkflasche/Trinkblase**

Laut einer Empfehlung soll man beim Wandern einen halben Liter pro Stunde trinken. Das heißt, wenn man eine Tagestour von ungefähr sechs Stunden wandert, dann benötigt man bereits drei Liter.

Nun hat man die Wahl zwischen einer Trinkflasche und einer Trinkblase. Ich selbst liebe die Trinkblase. Bei einer Trinkflasche vergisst man häufig das Trinken, da man oft erst den Rucksack abstellen muss, um die Trinkflasche rausholen zu können. Oder man muss den Arm verdrehen, um an diese ranzukommen. Bei einer Trinkblase kann man bequem beim Laufen trinken – ohne Verrenkungen am Arm oder zusätzlichen Pausen.

Regelmäßiges Trinken sorgt dafür, dass die Zellen gut versorgt sind und man länger konzentriert ist. Ich habe leider keine Studie gefunden, die die Zahl der Unfälle mit schlechten Trinkverhalten ins Verhältnis setzt. Aber ich behaupte, dass einige der Unfälle auch vermeidbar gewesen wären, wenn man ausreichend getrunken hätte.

## Karte/GPS

Man sollte immer wissen, wo man ist und welches Etappenziel man hat. Eine gute Wanderkarte oder auch ein GPS-Gerät mit Ersatzbatterien gehören einfach immer in den Rucksack.

Die Handhabung von Karte und GPS-Gerät sollte natürlich bekannt sein. Sonst bringen diese nur sehr wenig.

## Nahrungsmittel

Egal, welches Essverhalten man zu Hause oder auf Arbeit pflegt. Unterwegs auf Touren ist vieles anders. Durch die ständige Bewegung verbrennt man viele Kalorien und der Körper fährt zur Hochleistung auf. Auch wenn man nur

eine kurze Strecke vor sich hat, sollte man zumindest einen Müsli-Riegel einstecken haben. Oft stellt sich dann aber die Frage, welcher Riegel ist der Richtige. Ich bin mittlerweile der Auffassung, dass jeder Müsliriegel gut ist, der Zucker nicht als erste Zutat hat.
Weiterhin ist auch Trockenobst, insbesondere Feigen, sehr empfehlenswert.
Und sollte man Diabetiker sein, so darf Traubenzucker nie fehlen. Durch die viele Bewegung an der frischen Luft kommt es oft auch zur Unterzuckerung.

**Rucksack**

Nun die bedeutende Frage - worein kommt all dies?
Es gibt verschiedene Rucksäcke in unterschiedlicher Größe. Das wichtigste ist, er muss gut sitzen. Bei 30 Minuten merkt man noch nicht viel. Wandert man aber über weite Strecken bis hin zu mehreren Tagen, merkt man schnell, wie viel wert ein guter Rucksack besitzt.
Allein das Thema "Rucksack" würde eine ganze Rubrik füllen. Daher nur eine Empfehlung von mir. Geht in ein Fachgeschäft und lasst euch beraten. Und Finger weg von Billigangeboten im Supermarkt.

Wenn ihr den Rucksack aufsetzt, dann achtet darauf, dass ihr dann alle Riemen festzieht. Ich selbst fange immer am Hüftgurt an und arbeite mich dann nach oben durch. Dadurch verhindert man, dass der Rücken schon bei Zeiten schmerzt. Auch die optimale Gewichtsverteilung im Rucksack ist wichtig.

## Zum Abschluss

Das Thema „Kleidung und Schuhe" habe ich bis jetzt noch nicht angesprochen. Bequeme und nach Möglichkeit auch funktionelle Kleidung, sowie ein gutes Schuhwerk sind ebenso ein Muss, wie das Wasser auf Touren. Vor allem in den Bergen sollte man nicht nur mit kurzer Hose aufbrechen. Und Flip-Flops sowie Sandalen haben auf dem Berg nichts verloren; selbst wenn man nur mit der Seilbahn auf den Berg fährt. Diese Art von Schuhen eignet sich in den Bergen maximal als Hüttenschuhe auf der Berghütte.

Wie gesagt, es handelt sich bei dieser Auflistung reinweg um die Basics. Natürlich benötigt man auf einer Hüttentour mehr Ausrüstung wie auf einer 3-stündigen Wanderung. Auf einem Zelttrekking in Skandinavien benötigt man andere Ausrüstung wie auf der Besteigung der Zugspitze. Bitte informiert euch im Vorfeld, wie die Verhältnisse auf eurer geplanten Wanderung sind und dann entscheidet mit einem guten Menschenverstand, was mitzunehmen ist.
Und noch ein letzter Hinweis – Föhn, Lockenstab usw. gehören nicht in den Rucksack, sondern bleiben zu Hause.

# Rügen ist nicht nur zum Badengehen da

Ich bin normalerweise nicht der Typ, der früh der erste am Strand ist und abends der letzte der wieder nach Hause geht. Es sei denn, es geht darum, den Sonnenaufgang sowie den Sonnenuntergang zu fotografieren. Dazu möchte ich euch hier meine Lieblingsplätze im Norden von Rügen vorstellen.

Zum Sonnenaufgang führt es mich an den Strand von Juliusruh, welcher über 8 Kilometer lang ist. Tagsüber bei schönem Wetter findet man oft keinen Parkplatz und/oder keine Liegefläche mehr am Strand. Aber zum Sonnenaufgang ist man oft der einzige am langen, schönen Sandstrand. Der einzige Nachteil ist, dass man oft ein Stück suchen muss, bevor man einen schönen Vordergrund gefunden hat. Aber mit ein wenig Kreativität und etwas hin und her laufen findet man dann doch einen Vordergrund und kann sich ganz auf den Sonnenaufgang konzentrieren.

Bei der Kameraeinstellung hat man die Qual der Wahl. Blende, Belichtungszeit, ISO-Wert kann man nach Belieben einstellen. Und je nachdem, ob man auch einen Filter benutzt, kann man auch beim Wasser für einen schönen Effekt sorgen.

Das nachfolgende Foto ist gleich am Hauptzugang zum Strand in Juliusruh entstanden. Das Auto habe ich dazu bei der Tourist-Info abgestellt.

*Abbildung 8: Sonnenaufgang Juliusruh (Foto von Sebastian Dzierzon; 08/2018)*

*Abbildung 9: Sonnenaufgang Juliusruh (Foto von Sebastian Dzierzon; 08/2018)*

Nur wenige Kilometer entfernt, etwas weiter nordwestlich, liegt die Ortschaft Dranske. Der lange Strand von Dranske bietet von Sandstrand bis hin zum Steinstrand alles was das Fotografenherz begehrt. Ich selbst habe zwei Lieblingsstellen für den Sonnenuntergang. Der erste liegt am Ortsausgang Dranske kurz vor Bug, dem ehemaligen Marinegelände der DDR. Die andere Stelle ist der Strandabschnitt im Ortsteil Rehbergort. Bevor man in die Neubausiedlung fährt, gibt es einen kleinen Weg der von der Straße in einem ca. 5-minütigen Fußmarsch zum Strand führt. Das Auto kann man am Straßenrand einfach stehenlassen. Da bekanntlich Bilder mehr als tausend Worte sagen, habe ich hier eine kleine Auswahl von Bildern.

*Abbildung 10: Sonnenuntergang in Rehbergort (Foto von Sebastian Dzierzon; 08/2018)*

*Abbildung 11: Sonnenuntergang in Rehbergort (Foto von Sebastian Dzierzon; 08/2018)*

*Abbildung 12: Sonnenuntergang zwischen Bug und Dranske mit Hiddensee im Hintergrund (Foto von Sebastian Dzierzon; 08/2020)*

*Abbildung 13: Sonnenuntergang am Steinstrand von Dranske gleich am Ortsausgang von Dranske (Foto von Sebastian Dzierzon; 08/2018)*

Aber nicht nur der Strand in Dranske ist ein häufig von mir besuchter Ort zum Sonnenuntergang, sondern auch der Hafen und die Kreidebrücke in Wiek. Von dort schaut man auf den Bodden, Dranske, Bug und Hiddensee.

*Abbildung 14: Sonnenuntergang in Wiek (Foto von Sebastian Dzierzon; 08/2018)*

*Abbildung 15:Sonnenuntergang in Wiek von der Kreidebrücke aus fotografiert (Foto von Sebastian Dzierzon; 08/2018)*

Abbildung 16: Sonnenuntergang in Wiek (Foto von Sebastian Dzierzon; 08/2014)

# Bergwander-ABC

## B wie Bergwanderführer und Bergführer

Wer eine geführte Tour in den Bergen buchen möchte, wird bald über die zwei Berufsbezeichnungen „Bergwanderführer" und „Bergführer" stolpern. Worin unterscheiden sich die beiden Berufe?

Doch bevor wir uns die Unterschiede anschauen, schauen wir uns die Gemeinsamkeiten an. Beide Berufe sind auch offizielle Berufsbezeichnungen, die man nach einer Ausbildung mit Abschlussprüfung erhält. Der Bergwanderführer* und der Bergführer* (*Wenn ich von Bergwanderführer und Bergführer spreche, dann meine ich natürlich auch Bergwanderführerin und Bergführerin. Der Einfachhalber habe ich die männliche Form gewählt.) sind dafür da, Menschen die Bergwelt auf ausgewählten Routen und Strecken näher zu bringen. Sie können das Wetter und die Wege einschätzen, kennen die Grundlagen der Ersten Hilfe im Gelände und verfügen über einen guten Orientierungssinn, auch unter Zuhilfenahme von Karte und Bussole. Bei der Auswahl der Touren und der Strecken unterscheiden sich jedoch beide Berufe.

Ich fange mal mit dem Bergwanderführer (bzw. der Bergwanderführerin) an. Ein Bergwanderführer führt seine Gäste auf Wege und Steige, die von einem durchschnittlich bergerfahrenen Wanderer begangen werden und nutzt dabei keine Hilfsmittel. Die einzige Ausnahme bilden die Schneeschuhe im Winter. Also, alles was Klettern (mit und ohne Seilsicherung), Gletscherüberschreitungen, Ski-Touren usw. sind, werden nicht von Bergwanderführern angeboten.

Demzufolge ergibt sich das Portfolio eines Bergführers (oder einer Bergführerin). Ein Bergführer bzw. eine Bergführerin sind Experten im Alpinismus. Sie führen die Gäste auch auf Gletscher, Ski- und Klettertouren.

Auch in der Ausbildung unterscheiden sich demnach die zwei Berufe. Während ein Bergführer/eine Bergführerin zirka drei Jahre benötigt, liegt die Ausbildungsdauer bei Bergwanderführer/-innen im Schnitt bei ca. 1 – 1,5 Jahre. Dies hängt von dem Ausbildungsort ab. Die Ausbildungen haben zwar grundsätzlich einen ähnlichen Standard, jedoch unterscheidet sie sich von der Länge und Häufigkeit der Ausbildungskurse.

Zwar kann man bei beiden, Bergwanderführer und Bergführer, sich auf eine gute und sichere Tourenplanung und Durchführung verlassen. Jedoch die notwendige Kondition und Trittsicherheit, sowie die richtige persönliche Ausrüstung, liegt in dem Verantwortungsbereich des Gastes, der die Führung gebucht hat. Demnach darf ein Gast, auch wenn er die Tour gebucht und bezahlt hat, von der Tour ausgeschlossen werden, wenn er oder sie, die in der Tourenbeschreibung notwendigen Voraussetzungen (dazu gehört auch das richtige Schuhwerk), nicht erfüllt.

## Seven Summits vom Vogtland

Bei einer Wanderung durch das Elstertal ist in mir die Frage aufgekommen, welche Berge im Vogtland meine Seven Summits sind. Dabei sollte es sich nicht zwangsläufig um die höchsten Berge der Region handeln, sondern um Berge mit einer schönen Aussicht oder einer schönen Wanderstrecke zu dem Berg hin. Mit dies im Hinterkopf bin ich eine Liste mit Bergen im Vogtland durchgegangen und habe meine persönlichen Seven Summits vom Vogtland zusammengestellt, die ich auf den kommenden Seiten mit euch teilen möchte. Dabei hat die Reihenfolge keine Bedeutung, sondern ist eher zufällig entstanden.

**Wirtsberg**

**Eisenberg**

**Köhlerspitze**

**Kapellenberg**

**Aschberg**

**Bärenstein**

**Kriebelstein**

Auf den folgenden Seiten stelle ich euch die Berge in Steckbriefform vor.

# Wirtsberg

## Lage:

Markneukirchen OT Landwüst

## Höhe:

663,7 m

## Anreise mit dem Auto:

Oberhalb der Kirche in Landwüst gibt es ein
Parkplatz und von dort aus sind es ca. 200 m
bis zum Gipfel

## Wanderungen:

Liegt am Vogtland Panorama Weg sowie am
Kammweg Erzgebirge–Vogtland

## Besonderheit:

Schöne Aussicht bis ins Egerland und über das
obere Vogtland
Aussichtsturm mit eigenwilliger Form
(im Volksmund „Zitronenpresse" genannt)

## Lage:

An der Talsperre Pöhl

## Höhe:

435 m

## Anreise mit dem Auto:

Parkplatz an der Staumauer bei der Talsperre Pöhl
und anschließend ca. 15 min Fußweg

## Wanderungen:

Liegt in der Nähe vom Triebtal, einem schönen Naturschutzgebiet

## Besonderheit:

Aussichtsturm mit herrlicher Aussicht über die
Talsperre Pöhl und über die Umgebung sowie auf
die Elstertalbrücke

## Lage:

Zwischen Göltzschtalbrücke und Greiz

## Höhe:

345 m

## Anreise mit dem Auto:

An der Göltzschtalbrücke parken und anschlie–
ßend entlang des VPW wandern

## Wanderungen:

Liegt am Vogtland Panorama Weg

## Besonderheit:

Liegt am Köhlersteig oberhalb der Göltzsch;
schöne und abwechslungsreiche Wanderung, die
für Mttelgebirgsverhältnisse Trittsicherheit be–
darf

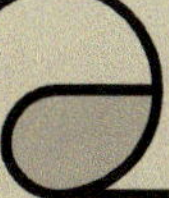

# Kapellenberg

## Lage:
Oberes Vogtland zwischen Bad Brambach und Schönberg

## Höhe:
759 m

## Anreise mit dem Auto:
Abzweig von der B92 nach Bärendorf und dann bis zum ausgeschilderten Parkplatz

## Wanderungen:
Liegt am Vogtland Panorama Weg

## Besonderheit:
Schöner Aussichtsturm, der jedoch nicht immer geöffnet ist; herrlicher Panoramablick bis in das Fichtelgebirge

# Aschberg

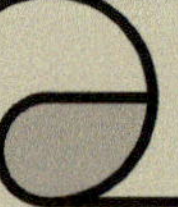

## Lage:
Bei Klingenthal an der Grenze zur Tschechischen Republik

## Höhe:
936 m

## Anreise mit dem Auto:
Nach Mühlleiten und Parkplatz bei der Sommerrodelbahn nutzen; anschließend schöne Wanderung durch den Wald

## Wanderungen:
Liegt am Vogtland Panorama Weg sowie am Kammweg

## Besonderheit:
Schöner Aussichtsturm (kostenpflichtig – Kleingeld parat haben); leider kein Geheimtipp und bei schönem Wetter gut besucht

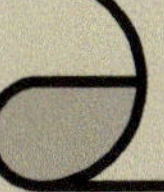

# Bärenstein

### Lage:

Plauen

### Höhe:

432 m

### Anreise mit dem Auto:

Parkplatz am Bahnhof oder Hohe Straße; von dort
aus sind es ca. 7 Minuten Fußweg

### Wanderungen:

Nähe zum Stadtpark und Syratal

### Besonderheit:

Aussichtsturm, der tagsüber geöffnet ist; schöner
Blick auf Plauen und Umgebung

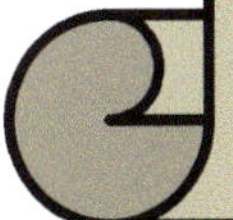

# Kriebelstein

## Lage:
Elsterberg

## Höhe:
407 m

## Anreise mit dem Auto:
Parken auf einer der vielen Parkmöglichkeiten in Elsterberg

## Wanderungen:
Liegt oberhalb von Elsterberg am Vogtland Panorama Weg; auch eine schöne Wanderung von Elsterberg hinauf auf den Kriebelstein

## Besonderheit:
Herrlicher Blick auf die größte Burgruine im Vogtland und auf die Umgebung

# Georgien – klein aber oho!

*Kurzportrait eines Landes voller Vielfalt.*

Georgien ist ein Land, welches genau auf der Grenze zwischen Europa und Asien liegt. Es hat eine Größe von 69.700 km² und ist somit etwas kleiner als Bayern (70.542 km²). Auf der Rangliste der Länder liegt es auf Platz 118. Doch dieses Land ist alles andere als unscheinbar. Ich habe noch niemanden getroffen, der in Georgien war und nicht davon geschwärmt hat. Dieses kleine Land hat doch eine Vielzahl zu bieten. Es gibt einfach alles, was das Herz begehrt. Im Norden ist der Hochkaukasus mit Bergen von über 5.000 Metern. Im Gegensatz dazu ist im Süden der kleine Kaukasus mit Bergen bis zu 3.000 Metern. Im Südosten gibt es eine Steppe, die einen eher an Afrika erinnert. Im Nordwesten liegt der Nationalpark Kolkheti, der den Spitznamen „Amazonas Georgiens" trägt. Gleich nebenan ist eine Seen- und Flusslandschaft die den Everglades in Florida gleicht. Im Südwesten gibt es noch einen Regenwald. Nicht zu vergessen ist die Schwarzmeerküste im Westen. Ach ja, und dazwischen liegen schöne Wälder und sehenswerte Tiefländer. Das Klima ist subtropisch-feucht im Westen bis hin zu kontinental-trockenes Klima im Zentrum und natürlich hochalpines Klima im Norden.

Auch im Thema Flora und Fauna ist Georgien einzigartig. Zirka 13.000 verschiedene Pflanzenarten findet man in dem Land, das bei den Einheimischen „Sakartvelo" heißt. Rund 4.000 von diesen Pflanzenarten sind endemisch, also nur in diesem Gebiet heimisch. Viele der Pflanzen haben schon vor einer sehr langen Zeit ihre Heimat dort gefunden und sollten eigentlich aufgrund des Klimas dort gar nicht wachsen, wie zum Beispiel die pontische Buche in der Kolchischen Tiefebene. Und wahrscheinlich hatten auch Sie schon mal ein kleines Stück Georgien bei Ihnen zu Hause. Die Samen der Nordmanntanne, die in Deutschland gerne als Weihnachtsbaum genutzt wird, stammen aus Georgien.

Und wer sich das Ausmaß dieser Biodiversität nicht vorstellen kann, hier mal der Vergleich zu Bayern. Bayern hat „nur" ungefähr 4.000 verschiedene Pflanzenarten.

Die Tierwelt ist ebenso vielfältig, wie der Rest des Landes. Ich fange einfach mal an aufzuzählen:
- Ca. 150 Säugetierarten
- Ca. 77 Reptilienarten
- Ca. 200 Fischarten
- Ca. 400 Vogelarten

Viele der Tiere sind auch hier endemisch. Ein Großteil der vom Aussterben bedrohten europäischen Bisons lebt in Georgien. Georgien zählt mit seiner Vogelvielfalt zu einer der vogelreichsten Gebiete Europas.

Aber nicht nur bei der Landschaft, dem Klima oder der Tier- und Pflanzenwelt herrscht eine große Diversität. Ebenfalls findet man eine Vielfalt in der Kultur und Geschichte des Landes. Auch hier lassen sich unzählige Beispiele anbringen:

- Mzcheta, als eine der ältesten, dauerhaft bewohntesten Städte der Erde
- Höhlenstädte Wardsia und Uplisziche
- Jvari, eine Klosteranlage aus dem 6. Jahrhundert
- Ananuri, eine Wehrkirche aus dem 14. Jahrhundert
- Die unzähligen und für Georgien berühmten Wachtürme im Kaukasus
- Uschguli, die höchstgelegenste und dauerhaft besiedelte Stadt Europas
- Batumi, das Las Vegas Georgiens
- Tiflis, die Hauptstadt, wo Moderne und Geschichte ganz nah beieinander liegen
- Die berühmten Georgischen Tänze
- Die Gastfreundlichkeit der Georgier
- …

Die Aufzählung könnte ich noch unendlich fortsetzen. Doch gibt es eine Vielfalt, dich mich besonders fasziniert. Es ist das friedliche Zusammenleben der verschiedenen Religionen. Das beste Beispiel ist für mich die Altstadt von Tiflis. Innerhalb weniger Minuten findet man mehrere verschiedene orthodoxe Kirchen (Georgisch, Armenisch und Russisch). Nur ein paar Meter weiter steht eine jüdische Synagoge und gleich ein paar Ecken weiter steht eine Moschee.

Ich war bereits schon mehrmals in diesem einzigartigen Land – dem Balkon Europas. Und mich zieht es immer wieder dorthin, um neue Ecken kennenzulernen und bereits bekannte Orte wiederzusehen. Wie man unschwer erkennen kann, ist Georgien immer eine Reise wert.

Lange Zeit war Georgien die Geheimadresse für alle Wander-, Trekking und Skifreunde. Mittlerweile ist das Land in aller Munde. Auch wenn das Land klein ist, findet man doch immer wieder abseits der bekannten Routen und Orte auch Ruhe und einsame Natur.

Die Landessprache ist Georgisch. Viele Einheimische sprechen auch Russisch und manche auch Armenisch. Doch kommt man auch mit Englisch sehr weit. In allen größeren Hotels, Pensionen und Gästehäuser sowie an den touristischen Attraktionen wird auch Englisch gesprochen. Vereinzelt trifft man auch auf jemanden, der Deutsch spricht.

*Abbildung 17: Lage von Georgien - Quelle: Google Maps; 01/21*

Reisen kann man bequem mit öffentlichen Verkehrsmitteln, wie Maschuttka, einem Kleinbus, dem Zug oder auch mit dem Taxi. Die Preise sind, verglichen mit Deutschland, sehr niedrig. Und so kann es schon mal vorkommen, dass eine Überlandfahrt mit dem Taxi günstiger ist, wie ein Tag mit einem Leihwagen.

In nur ungefähr vier Stunden erreicht man mit dem Flugzeug ganz bequem einen der zwei „großen" Flughäfen in Georgien – Kutaissi und Tiflis.

Und da Bilder bekanntlich mehr als 1.000 Worte sagen, möchte ich einige mit Ihnen teilen.

*Abbildung 18: Die Gergeti-Kirche vor dem Berg Kazbek (Foto von Sebastian Dzierzon; 10/2014)*

Abbildung 19: Blick über Tiflis (Foto von Sebastian Dzierzon; 10/2014)

*Abbildung 20: Bagrati-Kathedrale in Kutaissi (Foto von Sebastian Dzierzon; 09/2017)*

*Abbildung 21: Die Wehrkirche in Ananuri (Foto von Sebastian Dzierzon; 09/2019)*

*Abbildung 22: Ushguli, die höchstgelegene und ganzjährig bewohnte Ortschaft Europas (Foto von Sebastian Dzierzon; 09/2017)*

*Abbildung 23: Okatse Canyon Nationalpark (Foto von Sebastian Dzierzon; 09/2017)*

Abbildung 24: Höhlenstadt Wardsia (Foto von Sebastian Dzierzon; 03/2010)

*Abbildung 25: Die Regenbogenberge bei David Gareja (Foto von Sebastian Dzierzon; 03/2010)*

Regelmäßige geführte
Touren nach Georgien
Termine und Tourenbeschreibung unter
www.unterwegs-mit-basti.de

# Bergwander-ABC

## C wie Checkliste

Das Wandern in den Bergen ist sehr abwechslungsreich und vielseitig. Doch was nehme ich mit? Ein Teil dieser Frage habe ich schon im Bergwander-ABC unter „A wie Ausrüstung" beantwortet. Nun sind wir ja alle Menschen und wissen, dass wir auch vergesslich sind. Jedoch wollen wir auf komplette Sicherheit setzen und am Besten nur das im Rucksack haben, was wirklich wichtig ist.
Eine Checkliste kann uns hier Hilfe geben. Ich habe ein wenig recherchiert, welche Checklisten im Internet erhältlich sind. Man findet bei fast jeden großen Online-Outdoor-Händler sowie auf vielen privaten Seite eine Checkliste. Es gibt Checklisten für alle Arten von Wanderungen und Trekkingausflügen. Egal ob es eine Hüttentour, eine Trekkingtour im Zelt oder nur eine einfache Tageswanderung ist. Die Auswahl ist einfach gigantisch und kann einen fast erschlagen.
Bei all den vorgefertigten Checklisten sollte man jedoch bedenken, dass es sich jeweils um das persönliche Ergebnis des Erstellers handelt. Daher ist es sinnvoll eine eigene Basis-Checkliste aufzustellen und diese entsprechend anzupassen. Auf den folgenden Seiten gebe ich euch meine Erfahrungen im Erstellen einer Checkliste weiter. Wie gesagt, es ist eine Basisversion, die entsprechend angepasst werden kann und sollte. Für die Vollständigkeit wird keine Haftung übernommen.

Tourenziel: _______________________________________________

Tourendatum: ______________________________________________

## Bis zu 6 Wochen vor Tourenbeginn: _______________(Datum)

- ☐ Unterkunft gebucht
- ☐ Streckenführung bekannt/geplant
- ☐ Notwendige Versicherungen (z.B. DAV-Mitgliedschaft)
- ☐ Ausweisdokumente noch gültig
- ☐ Evtl. Visum beantragt
- ☐ Ausdauer/Kondition ausreichend
- ☐ _______________________________________________

## Zwischen 6 Wochen und Tourenbeginn:

- ☐ Ausdauer/Kondition ausreichend
- ☐ An- und Abreise geplant
- ☐ Ggf. notwendige Medikamente besorgt
- ☐ Basisausrüstung vollständig und funktionsfähig
- ☐ Streckenführung bekannt
- ☐ Wanderkarte vorhanden
- ☐ Notwendiges Kartenmaterial auf GPS-Gerät
- ☐ Tourenablauf aufgeschrieben und bei Familie/Freunden hinterlegt
- ☐ _______________________________________________

**Packliste:**

- ☐ Entsprechendes Schuhwerk
- ☐ Funktionssocken
- ☐ Unterwäsche (ggf. Funktionsunterwäsche)
- ☐ Wander-/Trekkinghose
- ☐ Funktionsshirts
- ☐ Regenjacke (Hardshell) und Regenhose
- ☐ Wärmendes Oberteil (z.B. Fleecejacke)
- ☐ Jacke / Softshelljacke
- ☐ Mütze, Buff, Handschuhe
- ☐ Sonnenschutz (Brille, Sonnencreme)
- ☐ Trekkingstöcke
- ☐ Notfallausrüstung: Biwaksack, 1. Hilfe Set, Stirnleuchte, Taschenmesser, Medikamente, Handy
- ☐ Hüttenschuhe, (Hütten-) Schlafsack
- ☐ Karte, Kompass, GPS-Gerät
- ☐ Notwendige Unterlagen (Versicherungskarte DAV-Ausweis, Reiseunterlagen, Schreibzeug)
- ☐ Bargeld
- ☐ Verpflegung (Trinkflasche, Müsliriegel…)
- ☐ Kamera inkl. Ersatzakkus
- ☐ Sonstiges: _______________________________
- ☐ _______________________________

# Fotospot: Triebtal

Im Vogtland, zwischen der Talsperre Pöhl (auch als „Vogt-
ländisches Meer" bekannt) und der Weißen Elster, liegt
das 108 ha große Naturschutzgebiet „Triebtal". Benannt
ist dieses Tal nach der „Trieb", einem Nebenfluss der Weißen Elster.

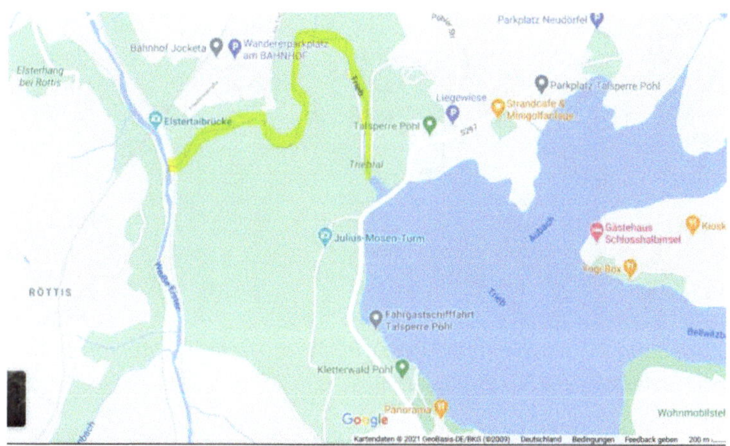

*Abbildung 26: Lageplan Triebtal (Quelle: Google maps; 02/21)*

Auch wenn das Tal nur etwas über 2 km lang ist, bietet es
doch vieles, was das Landschaftsfotografenherz begehrt
– und das unabhängig von der Jahreszeit. Fotografieren in
diesem Naturschutzgebiet ist für die Seele eine Wohltat.
Auch ohne Kamera und den Finger auf dem Auslöser ist
es ein schönes Gebiet zum Erholen und Wohlfühlen. Vor
allem im Sommer ist dieses Tal aufgrund der Lage und Be-
schaffenheit immer optimal klimatisiert.

Der Herbst zeigt sich hier in seiner Farbenbracht, denn das Triebtal liegt inmitten eines Mischwaldes und bringt somit ein besonderes Flair mit.

*Abbildung 27: Nach einem Herbstregen im Triebtal (Foto von Sebastian Dzierzon; 10/2020)*

Der Winter lässt, sofern Schnee fällt, alles wunderbar weiß aussehen. Wenn dann auch noch die Sonne scheint, steht einem schönen fotografischen Winterspaziergang durch den Winterwald nichts mehr im Wege.

*Abbildung 28: Blick von der Staumauer in das Triebtal (Foto von Sebastian Dzierzon; 01/2010)*

*Abbildung 29: Die Elstertalbrücke, die zweitgrößte Ziegelsteinbrücke der Welt, in der Nähe der Mündung der Trieb in die Weiße Elster (Foto von Sebastian Dzierzon; 10/2019)*

Nicht nur das Triebtal ist sehr fotogen, sondern auch die nähere Umgebung. Unmittelbar an der Mündung der Trieb in die Weiße Elster steht die Elstertalbrücke, die zweitgrößte Ziegelsteinbrücke der Welt. Oder Oberhalb des Triebtals befindet sich der Eisenberg mit seinem Aussichtsturm. Spaß und Erholung bei Minigolf, im Kletterwald oder am Strand der Talsperre Pöhl ist eine schöne Ergänzung zu einem fotografischen Spaziergang. Oder es bietet für den Teil der Familie eine alternative, die nicht mit der Kamera durch das Triebtal laufen möchten.

*Abbildung 30: Blick vom Mosenturm auf die Talsperre Pöhl (Foto von Sebastian Dzierzon; 09/2010)*

Neben herrlichen Wasserläufen, die man auch an wolkigen Tagen ohne Filterset weich fotografieren kann, gibt es auch die Möglichkeit Vögel zu fotografieren. Dazu ist natürlich ein Stativ und ein Zoom-Objektiv von Vorteil.

*Abbildung 31: Mystisches Triebtal nach einem Herbstregen (Foto von Sebastian Dzierzon; 10/2020)*

*Abbildung 32: Libelle im Triebtal (Foto von Sebastian Dzierzon; 06/2017)*

Das Triebtal bietet also für jeden etwas und das unabhängig davon, wie jung man ist und ob man Fotografie liebt oder einfach nur Erholung in der Natur sucht.

# Zwei Gipfel und zwei Bergseen – eine aussichtsreiche Tour beim Spitzingsee

Der Spitzingsee in Oberbayern, mitten in der Ferienregion Schliersee-Tegernsee gelegen, ist als Ski- und Wandergebiet bekannt. Dort einmal wandern zu gehen, das dachte

Abbildung 34: Der Spitzingsee im Herbst 2017 (beide Fotos von Sebastian Dzierzon)

sich bestimmt auch Bruno, der berühmte Braunbär im Juni 2006. Dieser kam von Norditalien herüber und trieb in unterschiedlichen Regionen sein Unwesen. Drei Wochen lang wurde mit unterschiedlichen Methoden versucht ihn einzufangen. Schließlich erlegte man ihn am 26. Juni 2006 oberhalb des Spitzingsees in der Nähe der Rotwand. Ich kann mir gut vorstellen, dass er bis zu seinem Tod die Natur und die Aussicht dort genossen hat. Und genau diese Region möchte ich euch heute etwas näher vorstellen. Sie gehört zu meinen Lieblingswanderungen in den Bayrischen Alpen und zu dieser möchte ich euch jetzt mitnehmen.

Da es sich nicht um eine Rundtour handelt, empfiehlt es sich mit den öffentlichen Verkehrsmitteln anzureisen. Die Region Schliersee-Tegernsee hat ein ausgesprochen gutes Netz an öffentlichen Verkehrsmitteln. Und mit der Gästekarte benutzt man sogar die meisten Buslinien kostenfrei. Und so stellen wir das Auto auf den Wanderparkplatz am Bahnhof Fischhausen-Neuhaus ab und nehmen den Bus zum Spitzingsee. An der Taubensteinbahn steigen wir aus bzw. um und nutzen diese, um bequem 520 Höhenmeter zu sparen.

Angekommen an der Bergstation nehmen wir den Weg rechts zum Taubenstein, unseren ersten Gipfel. Es sind auch gleich einige Höhenmeter zurückzulegen. Aber nach bereits wenigen Minuten zweigt der Weg zum Gipfel des Taubenstein ab. An ein paar kleinen Stellen muss man auch mal die Hände zur Hilfe

*Abbildung 35: Blick vom Hauptweg auf den Gipfel des Taubensteins (Foto von Sebastian Dzierzon; 10/2018)*

nehmen, um die fast 10 Meter in die Höhe zu überwinden. Oben angekommen stehen wir auf 1.693m Höhe und genießen die herrliche Aussicht über das bayrische Voralpenland. In der Ferne sind auch die weißen Gipfel Österreichs zu sehen.

Übrigens der Weg eignet sich auch prima für wanderfreu-
dige Kinder und das „Klettern" auf den Taubenstein
macht ihnen besonders Spaß.

*Abbildung 36: Der Taubensteingipfel (1.693 m) mit Aussicht auf die
umliegende Bergwelt (Foto von Sebastian Dzierzon; 06/2019)*

Wieder am Weg angekommen bleiben wir auf diesen. Je
nachdem ob man mit Kindern unterwegs ist oder ohne
liegen jetzt 1 - 1,5 h vor uns. Die meiste Zeit geht der Weg
gemütlich aber stetig bergauf. Schon bald sieht man ein
Gatter. Wenn wir dieses durchschritten haben, gibt es
zwei Möglichkeiten. Entweder wir folgen den breiteren
Hauptweg und gelangen so zuerst zum Rotwandhaus
(1.737 m). Die andere Möglichkeit ist, dass wir den Weg
links einschlagen, um so zum Gipfel der Rotwand (1.885
m) zu gelangen. Schon bald gelangen wir auf den Weg,
der vom Rotwandhaus auf den Gipfel führt. Nur noch wenige Minuten und wir sehen wieder ein herrliches Panorama.

Abbildung 37: Der Weg zum Rotwand-Gipfel (Foto von Sebastian Dzierzon; 06/2019)

*Abbildung 38: Das Rotwandhaus auf 1.737 m (Foto von Sebastian Dzierzon; 10/2018)*

Dieser Berg ist neben dem Wendelstein einer der meist-
besuchten Berge in der Region. So sollte man nicht unbe-
dingt am Wochenende oder an einem Feiertag diesen besuchen.

Nach einem schönen Auftanken für die Seele steigen wir
zum Rotwandhaus ab und kehren dort ein. Die Schutz-
hütte des TAK München steht bereits seit 1907 dort. Wer
rechtzeitig reserviert hat, kann hier auch in eines der 26
Betten oder 44 Lager übernachten. Die Hütte sowie die
Umgebung sind auch kinderfreundlich. Nicht weit vom
Rotwandhaus tummeln sich auch gerne Murmeltiere in
der Sonne. Diese beim Spielen zu beobachten gegeistert
Alt und Jung.

*Abbildung 39: Der Soinsee (Foto von Sebastian Dzierzon; 06/2019)*

Nach einer Stärkung machen wir uns wieder auf den Weg. Von nun an geht es die nächsten Stunden nur noch abwärts. Unterhalb der so genannten Nebelwand schlagen wir den Weg zur Großtiefental-Alm ein. Von dort aus sind es nur noch wenige Minuten zu den auf 1.458m gelegenen Soinsee. Mit einer Länge von 390 m zählt er zu den schönsten Bergseen Bayerns. Und das Beste, die meisten Gäste auf der Rotwand nehmen die Taubensteinbahn, um wieder hinunter zu kommen. Somit trifft man an dem See auch bei schönem Wetter nur wenige Menschen und kann hier getrost einige Zeit entspannen und das herrliche Bergpanorama im See spiegeln sehen.

Nur ungern trennen wir uns von diesem paradiesischen Fleck und nehmen weiter den Hauptweg bergab. Vorbei an der Schellenberg-Alm und der Untersteilen-Alm geht es nach Geitau. Nach knapp einer Stunde erreichen wir den Segelflugplatz in Geitau. Wenn die Thermik stimmt können wir die Segelflugzeuge beobachten, wie sie am Himmel schweben. Auch gibt es oft die Möglichkeit einmal als Passagier mit aufzusteigen und dabei nochmals einen Blick auf die herrliche Bergwelt der Region zu erleben.

In Geitau angekommen bieten sich uns nun zwei Möglichkeiten. Entweder nehmen wir den Bus zurück zum Parkplatz oder wir überqueren die Hauptstraße und gehen zum Bahnhof, wo einmal stündlich der Zug nach Fischhausen-Neuhaus fährt, wo wir unser Auto abgestellt haben.

Auf dieser herrlichen und aussichtsreichen 5-stündigen Tour (abhängig von den Pausenzeiten) haben wir ungefähr 250 m bergauf und fast 1.100 m bergab zurückgelegt. Und eins ist sicher. Wir kommen zurück. Doch dies wird sicherlich noch ein wenig dauern, denn die Region Schliersee-Tegernsee hat noch viele schöne Wanderstrecken für uns parat.

Das erste Mal war ich als Kind 1992 mit meinen Eltern in dieser Region. Seit nun mehr als 12 Jahren komme ich mindestens einmal pro Jahr hierher und entdecke immer wieder neue, herrliche Wanderwege und fotogene Ausflugsziele.

*Abbildung 40: Der Blick zurück über den Segelflugplatz in Geitau (Foto von Sebastian Dzierzon; 06/2019)*

# Zion-Nationalpark

Im Südwesten von Utah, an der Grenze zu Arizona, liegt der 579km² große Zion-Nationalpark. Ich habe schon viele Bilder und Geschichten über diesen Park gehört. All das angehäufte Wissen und die Bilder vor den Augen haben in mir den Wunsch gehegt, auch selbst einmal dort zu sein. Nur liegen zwischen mir und diesen Nationalpark im Bundesstaat Utah in den Vereinigten Staaten von Amerika ungefähr 14 Flugstunden. Ich war bereits mehrmals in Utah, aber in den Südwesten dieses sehr abwechslungsreichen Bundesstaats bin ich bisher noch nicht gewesen. Doch dieses sollte sich ändern, da wir als Familie beschlossen haben, in den Herbstferien im Jahr 2016 nach Utah zu fliegen.

Nun hieß es als Familie zu planen, was wir innerhalb von 12 Tagen alles besuchen und tun wollen. So abwechslungsreich wie die Landschaft in diesem Fleck der Erde ist, so verschieden waren auch unsere Wünsche und Vorstellungen.

Vielleicht sollte ich an dieser Stelle noch erwähnen, dass wir damals drei Kinder hatten im Alter von 16, 4 und 1. Nun können Sie sich bestimmt vorstellen, wie die Planung verlaufen ist. Doch irgendwie haben wir es geschafft. Und zu meiner großen Freude stand auch der Zion-Nationalpark auf den Zettel, wenn auch nur für ein paar Stunden. Und so ging es an die Planung, welche der vielen Sehenswürdigkeiten und über 240 km an Wanderrouten ich in dem Park sehen möchte. Mir wurde klar, in den wenigen Stunden vor Ort, werden wir nur einen Überblick gewinnen. Doch muss man nicht einen ganzen Kuchen essen, um zu wissen, dass dieser gut schmeckt.

Endlich ist der Tag gekommen, wo wir in St. George in Süden von Utah starten. Von hier sind es ungefähr eine Fahrstunde. Zum Glück haben wir einen SUV und so können wir auf dem Weg zum Park noch einen kleinen Abstecher nach Grafton machen. Grafton ist die meist foto-

*Abbildung 42: Altes Wohnhaus in Grafton (Foto von Sebastian Dzierzon; 10/2016)*

grafierte Geisterstadt im Westen der USA und war schon oft Filmkulisse für alte Westernfilme. Einst haben hier bis zu 28 Siedlerfamilien gewohnt. Doch aufgrund einiger Indianerprobleme sind viele fortgezogen. Im Jahr 1890 lebten dann nur noch vier Familien dort. Der letzte Einwohner zog dann im Jahr 1944 weg. Heute stehen, neben dem alten Schulhaus, noch zwei weitere Gebäude sowie ein Friedhof.

*Abbildung 41: Blick aus dem (Foto von Sebastian Dzierzon; 10/2016)*

*Abbildung 43:
Das Schul-
und Kirchen-
gebäude in
Grafton (Foto
von Sebastian
Dzierzon;
10/2016)*

*Abbildung 44:
Verlassenes
Wohnhaus in
Grafton (Foto
von Sebastian
Dzierzon;
10/2016)*

*Abbildung 45:
Der alte Friedhof
bei Grafton
(Foto von Sebas-
tian Dzierzon;
10/2016)*

*Abbildung 46: Straße zum Zion Nationalpark (Foto von Sebastian Dzierzon; 10/2016)*

Nach diesem kurzen und interessanten Ausflug in die Geschichte ging es weiter zum Zion Nationalpark. Dort angekommen sind wir erstmal auf den Mount Carmel Highway in Richtung des östlichen Eingangs gefahren. So konnten wir die ersten Eindrücke dieser gigantischen roten Navajo Sandstein-Berge auf uns wirken lassen. Besonders im Sonnenlicht wirken sie richtig majestätisch.

*Abbildung 47: Blick auf die Felsengruppe beim Besucherzentrum (Foto von Sebastian Dzierzon; 10/2016)*

Nur ein kleiner Teil des Nationalparks ist mit dem Auto erreichbar. Deshalb sind wir zurück zum Nationalpark-Besucherzentrum gefahren, um dort das Auto abzustellen. Von dort fährt eine kleine Bahn in den Norden des Parks. Da diese nur halbstündlich fährt und wir diese nur knapp verpasst haben, nutzten wir die Zeit, um die Ausstellung im Besucherzentrum anzuschauen.

Mit der Bahn sind wir bis zur Endhaltestelle „Temple of Sinawava" gefahren. Von dort haben wir den Fußweg zu den „Narrows" genommen. Links und rechts türmen sich die hohen Felsen auf. Plötzlich rennt ein süßes Streifenhörnchen über den Weg. Die Kinder sind begeistert und es sieht sehr zutraulich aus. Deshalb wollen sie es streicheln. Doch wir halten sie davon ab. Überall stehen Hinweisschilder, dass

*Abbildung 48: Streifenhörnchen (Foto von Sebastian Dzierzon; 10/2016)*

man diese niedlichen Tiere lieber nicht zu nahekommen sollte. Sie sehen zwar friedlich aus, jedoch beißen sie schnell zu und kratzen auch.

Nach etwa 1,5 km haben wir den Eingang zu den „Narrows" – oder auf Deutsch „Enge" – erreicht. Wenn es mehrere Tage hintereinander trocken ist, kann man hier eine Flusswanderung unternehmen und zwischen den

*Abbildung 49: Auf den Weg zu den "Narrows" (Foto von Sebastian Dzierzon; 10/2016)*

ganzen hohen Felsen hindurch wandern. Jedoch sei gesagt, dass man aufpassen muss, wenn es regnet. Da die Felsenwände so hoch sind, entwickelt sich schnell eine Sturzflut. Am besten erkundigt man sich im Vorfeld im Besucherzentrum über die aktuelle Wetter- und Wassersituation.

Am Eingang haben wir die Kinder am Fluss spielen lassen. Und wir setzten uns und lassen einfach die gigantische Natur auf uns wirken. Ich habe schon einige Regionen auf unserer schönen Erde besucht. Ich fange langsam an zu verstehen, warum der Name „Zion" für diesen Park gewählt wurde. Das Wort „Zion" stammt aus dem Hebräischen und bedeutet so viel wie „Heiligtum". Und das ist es, was die Natur hier einen vermittelt. Hier ist der Mensch nur Gast in einem Heiligtum der Schöpfung Gottes. Davon abgesehen galt dieses Stück Erde auch bei den Indianern bereits als heiliger Boden. Daher entstammen auch viele der Namen für die Felsen, wie zum Beispiel „Angels Landing" (Landeplatz der Engel) oder „North Guardian Angel" (Nördlicher Schutzengel).

Mittlerweile geht schon bald die Sonne unter und wir müssen uns leider wieder auf den Rückweg machen, um die Bahn zu erreichen. Diese bringt uns zum Auto zurück. Auf der Rückfahrt starre ich einfach nur aus dem Fenster und versuche noch so viel wie möglich zu sehen. Ich sehe nicht nur Bäume und Felsformationen, sondern auch viele Rehe. Dies ist alles viel schöner als auf den Bildern oder von den Erzählungen, die ich gehört habe.

*Abbildung 50: The Narrows (Foto von Sebastian Dzierzon; 10/2016)*

*Abbildung 51: Sonnenuntergangsstimmung (Foto von Sebastian Dzierzon; 10/2016)*

Am Ende dieser Tagestour stellt sich nicht die Frage, ob man zurückkommt, sondern wann man zurückkommt und was man alles noch sehen und erleben möchte.

*Abbildung 52: Ein letzter Blick auf den Zion Nationalpark (Foto von Sebastian Dzierzon; 10/2016)*

*Abbildung 53: Beschilderung auf den Elsterperlenweg (Foto von Sebastian Dzierzon; 11/2020)*

# Der Elsterperlenweg

Johann Wolfgang von Goethe liebte ausführliche Spaziergänge. In der Natur holte er sich oft Kraft und neue Inspiration. Eins seiner bekannten Zitate im Zusammenhang mit dem Wandern heißt: „Nur wo du zu Fuß warst, bist du auch wirklich gewesen." Ob Goethe jemals hier entlanggewandert ist? Das weiß ich leider nicht. Doch bin ich mir ziemlich sicher, wenn er davon gehört hätte, wäre er hier bestimmt einmal langgewandert.

Aber was ist der Elsterperlenweg überhaupt? Und wo liegt dieser?

Der Elsterperlenweg ist ein 6-tägiger Rundwanderweg von Greiz über Neumühle und Berga (Elster) nach Wünschendorf und wieder zurück nach Greiz. Der Wanderweg verläuft jeweils einmal rechts der Weißen Elster und einmal links der Weißen Elster entlang. Wer nicht gerade aus der Region kommt, wird wahrscheinlich mit diesen Ortsnamen wenig anfangen können. Geografisch gesehen liegen diese Orte im thüringischen Teil des Vogtlandes, also gleich an der Landesgrenze zu Sachsen.

Alle diese Orte liegen an der Bahnverbindung Plauen-Greiz-Gera. Somit ist die An- und Abreise mit dem Zug sehr einfach. Auch wenn man nur eine der sechs wunderschönen Etappen laufen möchte kommt man mit dem Zug schnell zum Ausgangsort zurück.

Gekennzeichnet ist der Weg mit dem folgenden Logo:

Auf der Reisemesse CMT Stuttgart wurde der Elsterperlenweg im Januar 2011 und 2014 mit dem Gütesiegel „Qualitätsweg Wanderbares Deutschland" ausgezeichnet.

Um das Prädikat „Qualitätsweg Wanderbares Deutschland" zu erhalten müssen verschiedene Kriterien erfüllt sein, denn es handelt sich um deutschlandweite Standards für Wanderwege. Um dies zu prüfen wird der Weg in 4 km-Abschnitte unterteilt und dann anhand von 9 Kernkriterien und 23 Wahlkriterien analysiert. Dazu zählen auch „naturnahe Wege" sowie „nutzerfreundliche Markierung". Diese Kriterien müssen über die Gesamtstrecke des Weges erfüllt sein.

Um euch zu zeigen, dass der Weg diese Auszeichnung wirklich verdient hat, möchte ich euch meine Lieblingsetappe vorstellen. Diese ist nicht nur wegen der schönen Landschaft und die Wegbeschaffenheit mein Favorit unter den sechs Etappen. Sondern es hat auch ein wenig mit Kindheitserinnerungen zu tun. Diese Etappe beginnt in Neumühle am Bahnhof. Mein Uropa hat gleich hinter dem Bahnhof gewohnt. Zu meinen frühsten Kindheitserinnerungen zählt die Fahrt mit dem Zug nach Neumühle und wie mein Uropa meistens am Bahnhof stand und uns abgeholt hat.

Wir überqueren nun rechts die Gleise und folgen der Straße. Nachdem wird die Straße, die nach Lehnamühle führt, überquert haben, biegen wir in bei der nächsten Möglichkeit rechts ab (nach der Hauptstraße Nr. 4). Der Abzweig ist natürlich mit dem einheitlichen Logo des Elsterperlenweges (EPW) gekennzeichnet. Nach zirka 150 m geht es links in den Wald. Den Waldweg folgend gelangen wir nach 300 m an einen Rastplatz mit einer Gedenktafel für Heinrich Fritz. Für fast alle, die hier vorbeikommen, wird die Person eher unbekannt sein. Heinrich Fritz war ein Hoffotograf und lebte von 1831 bis 1913.

*Abbildung 54: Ausblick vom Bach-Goethe-Hain (Foto von Sebastian Dzierzon; 10/2020)*

Mittels Stufen und Serpentinen schlängelt sich links der Weg hinauf bis wir in der Nähe des Bach-Goethe-Hains auf 345 m über NN rauskommen. Nachdem wir die schöne Aussicht auf Neumühle genossen haben nehmen wir rechts den Weg. Nach ungefähr 1 km geht der Weg leicht bergab und rechter Hand ist ein kleiner Aussichtspunkt, von dort können wir

den 5-Häuserort Lehnamühle
sowie die Weiße Elster erbli-
cken. 200 m den Weg weiter
folgend gelangen wir zum Flä-
chennaturdenkmal „Schiefer-
felsen" mit dem Rastplatz
Lehnamühle. Die Ortsstraße
sowie die Eisenbahnbrücke
überqueren wir und halten
uns links. Wir laufen durch die
Eisenbahnunterführung und
halten uns geradeaus bis wir
rechter Hand zu einem Wie-
senweg gelangen, den wir
entlang gehen. Schon bald er-

Abbildung 55: Rastplatz Lehnamühle (Foto von Sebastian Dzierzon; 11/2020)

blicken wir einen großen Wegweiser sowie eine Bank zum Rasten am Wald. Nun haben wir die Möglichkeit zwischen zwei Wegen zu wählen. Der eine Weg führt über die Rüßdorfer Alpen und erfordert Trittsicherheit. Der andere Weg dient als Ausweichstrecke. Natürlich stellt sich die Frage, welchen Weg man nehmen soll, denn das Wort „Trittsicherheit" kann schnell zur Unsicherheit führen. Die Wege sind gesichert und der eine oder der andere erfahrene Wanderer im Gebirge wird sich sicherlich die Frage stellen, wo die Stelle ist, die Trittsicherheit erfordert. Bei Regen, Höhenangst oder Trittunsicherheit sollte man sich für die Ausweichstrecke entscheiden. Meine Entscheidung über die Rüßdorfer Alpen zu gehen begründet sich darin, dass ich die Alpen vermisse und ich mir bis jetzt noch nichts darunter vorstellen kann.

*Abbildung 56: Anstieg auf die Rüßdorfer Alpen (Foto von Sebastian Dzierzon; 11/2020)*

*Abbildung 57: Rastplatz beim Pfarrzipfel (Foto von Sebastian Dzierzon; 11/2021)*

Nun geht es wieder bergan. Schon bald wird der Weg etwas schmaler und ab und zu auch etwas steinig. Aber diese Passagen sind immer mit einem Holzgeländer gesichert. Belohnt wird dieser Aufstieg mit einem herrlichen Ausblick auf das Elstertal. Zwar ist man hier „nur" auf 295 m ü. NN. Doch ein wenig kann man sich gedanklich in die Alpen versetzen. Uns fällt es schwer von hier aus weiterzugehen. Doch wissen wir mit Bestimmtheit, dass es nicht der letzte Aussichtspunkt war. Wir biegen nun scharf links ab und folgen den Weg bis wir zur nächsten Kreuzung im Wald kommen. Wir erreichen nun den „Mühlburschensteig", welchen wir für ungefähr 1,5 km folgen und zur Eulamühle gelangen. Vorbei am alten Steinbruch führt uns der Weg zur „Herrenwiese". Nun geht es parallel der Weißen Elster weiter bis wir zum unteren Pfarrzipfel gelangen. Dann geht es über Treppen und Serpentinen steil ungefähr 80 m bergauf. Nun stehen wir am oberen Pfarrzipfel auf 320 m ü. NN. Schon bald trifft man auf die Alte Poststraße, eine uralte Ost-West-Handelsstraße, die Werdau und Weida verbunden hat. Wir folgen der alten Poststraße wieder bergab. Und schon stehen wir vor einem Schild mit der Aufschrift

*Abbildung 58: Ortseingang von Berga/Elster (Foto von Sebastian Dzierzon; 11/2020)*

„Herzlich Willkommen in Berga/Elster". Jetzt geht es weiter zum Bahnhof und wir fahren bequem zurück.

Da wir die Strecke und die vielen Aussichtspunkte genossen haben, brauchten wir für die 11 km ungefähr 4,5 h (ohne Pausen).

Ich habe mit einem Zitat von Johann Wolfgang von Goethe begonnen und möchte mit einem weiteren Zitat von ihm enden. „Was ich nicht erlernt habe, das habe ich erwandert."

*Abbildung 59: Im herbstlichen Wald bei Neumühle – auf der gesamten Strecke geht es immer wieder bergauf und bergab (Foto von Sebastian Dzierzon; 10/2020)*

# Sonnensterne fotografieren

Wir haben schon alle die schönen Bilder gesehen, wo die Sonne als ein Stern abgebildet ist. Lange habe ich mich gefragt, wie dies möglich ist. Wie überrascht war ich doch, als ich herausgefunden wie einfach es ist. Um es kurz zu machen, es ist eine Blende von f/14 oder mehr notwendig.

An dieser Stelle könnte ich schon aufhören, denn es ist alles Notwendige gesagt. Doch wäre es bestimmt interessant, warum es so ist. Die richtige Einstellung der Blende ist Voraussetzung um sogenannte „Sonnensterne" zu fotografieren. Richtigerweise müsste sie aber „Blendensterne" heißen, denn die Blende ist ausschlaggebend für diesen Effekt. Die Blende sitzt im Objektiv und regelt wie viel Licht in die Kamera kommt. Eine niedrige Blende nennt man auch „offene Blende". Somit nimmt der Sensor in der Kamera viel Licht auf. Dies kommt besonders bei der Astrofotografie zum Einsatz. Aber auch in der Portraitfotografie kommt eine offene Blende zum Einsatz, um weniger Schärfentiefe zu erzielen. Bei einer hohen Blendenzahl, auch „geschlossene Blende" genannt, wird das Licht mehr gebündelt und beugt sich um die Kanten der Blendenlamellen. Demzufolge erhält man bei einer

Blende von f/22 einen schöneren Sonnenstern als bei Blende f/14.

Offene Blende (f/2.8)

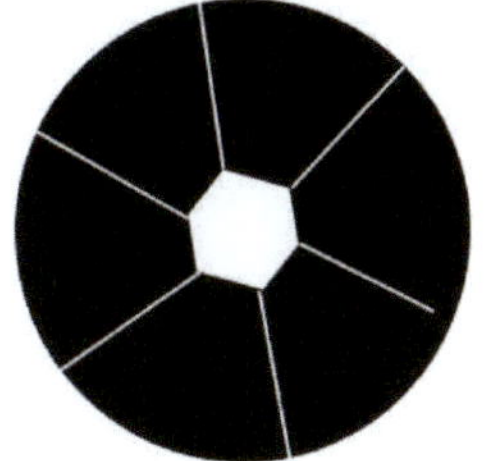

geschlossene Blende (f/20)

*Abbildung 60: Modell der Blende (Darstellung von Sebastian Dzierzon)*

Neben der Einstellung der Blende gibt es noch ein paar weitere Hinweise:

✓ Staub vom Objektiv entfernen
✓ Der direkte Blick durch den Sucher in die Sonne kann Augenschäden verursachen
✓ Das direkte Sonnenlicht auf den Sensor kann den Sensor schädigen
✓ Dieser Effekt geht auch mit jeder anderen Lichtquelle

*Abbildung 61: Sonnenstern hinter einem Baum – f/20 (Foto von Sebastian Dzierzon; 01/2021)*

**Viel Spaß beim Ausprobieren!**

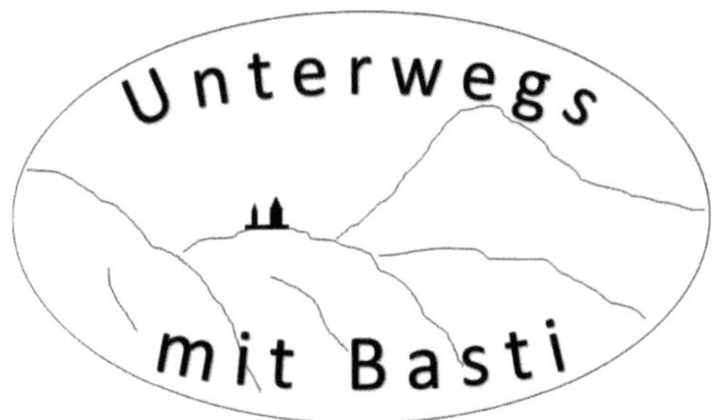

Unterwegs
mit Basti